AF283893

Daniel Calavera

El escenario

PAPELES DE TRASMOZ

La Casa del Poeta

Olifante. Ediciones de Poesía

Colección PAPELES DE TRASMOZ
Fundada en 2007 por Marcelo Reyes y Trinidad Ruiz Marcellán

*Edición conmemorativa del XLV Aniversario
de la creación de OLIFANTE. Ediciones de Poesía*

El escenario
DANIEL CALAVERA

Este libro se ha editado con ayuda del
Departamento de Educación, Cultura y Deporte
del Gobierno de Aragón.

Editado por OLIFANTE. EDICIONES DE POESÍA
Diseño de la colección: Vicente Pascual
© De la presente edición: Olifante. Ediciones de Poesía
© Daniel Calavera
© Fotografía: Pilar Sicilia
Reservados todos los derechos

I.S.B.N.: 978-84-128661-7-9
Depósito Legal: Z 1572-2024

Impreso en España por COMETA, S.A.
Printed in Spain

El escenario

Daniel Calavera

Daniel Calavera, por Pilar Sicilia.

A Pilar Sicilia, que embellece el escenario
sin querer subir.

A todos los que enriquecen el espectáculo sin pretenderlo.

Acto I. Ella y las Fueras

Cuánto ruido.
Y aquí estás, en el centro.

ELLA, EL CAOS

«El escenario está abarrotado y terminará
    hundiéndose».
Eso me decía Ella.
Me lo decía entre pasillos y bambalinas.
Señalaba las butacas vacías.
Señalaba hacia el interminable espectáculo.

Y decía…
«Todos quieren subir al escenario».
Y reía.
«Lo hundirán»
Y juraba el caos.
«No queda nadie en el patio de butacas,
porque ya nadie quiere mirar.
Todos quieren lo mismo,
que las luces les aplaudan con cada paso
    que dan».

Y decía.
Y reía.

«Fíjate en el escenario.
Lo están abarrotando.
Si siguen así, lo hundirán.
Si siguen así, la función acabará muy mal».

Y me miró.
Y juraba el caos.

«Cuatro brujas me hablarán.
Me llevan hablando siglos,
cuando las quiero escuchar».

LAS FUERAS

En el teatro se movían cuatro brujas.
Y eran esas cuatro brujas las que le hablaban.
Y se llamaban Barro, Locura, Fama y Libertad.

Barro era la más cabal, a pesar de no tener
    moral.
Locura era peor, se alimentaba de maldad.
Fama no hacía más que cambiar de orejas a
    las que hablar.
Y Libertad añoraba ser escuchada,
al crear las más bellas palabras y ser ignorada.

Las cuatro se movían alrededor de Ella
    mientras miraba el escenario.
Las cuatro le susurraban palabras y frases
    vivas.
Tan vivas como el rojo de la sangre que
    tenía las butacas vacías.

Algunos las llamaban «las Fueras»
porque estaban fuera del escenario.
Vestían harapos negros y máscaras rotas
    esculpidas en piedra.
Y se divertían gritando y hablando a los que
    caían en la cuenta.

Las Fueras que vivían fuera no tenían cara, de
    ahí las máscaras.
No tenían cuerpo, de ahí los harapos negros.
Y si caías en la cuenta,
te susurraban niebla, lluvia y tormentas.

Las Fueras aseguraban que ellas habían
    levantado el escenario.
Y esculpían monstruos.

Existían desde hacía siglos.
Nacieron a la par que ellos.
Ellos eran artistas y genios.
Antaño fueron quienes entretenían al resto.

Ese resto eran felices.
Felices por estar fuera del esperpento.
Fuera como las Fueras,
que comían la ilusión del malo y del bueno.

Para unos monstruos, para otros musas,
no estaban en lo cierto.
Porque en realidad eran brujas.
Brujas que componían la música del concierto.

Y yo actuaré las veces de narrador y
espectador.
Porque siempre intuí una mecha encendida
en sus ojos.
Creo que por eso me gustó.

Pero aquella noche, su mirada eran los hilos
de una cruel marionetista.
Orgullosa arquitecta de una rabia altiva.
Profeta de la maldición de nuestros días.

Mientras mira el escenario, la rodean las Fueras.

Y Ella escucha a Fama.

La bruja la rodea con sus harapos negros,

y jura malos cuentos.

Y Fama dice...

LA MALDICIÓN DE ANDY WARHOL

Antes, estaba todo lleno.
Final y comienzo,
ácido y sexo,
y un artista, tocado por la gracia de la
    vanguardia, gritó:
«¡Todo el mundo tendrá sus 15 minutos de
    fama!»

Poco imaginaban el artista y sus tablas,
el atino de sus palabras.
Pues dieron paso a un escaparate invisible,
que convierte en estrella a todo el que lo vive.

Ansían corazones artificiales y pintados.
Y aplausos.

Nunca pararían.
Ni pararán.
Por unos eternos y míseros 15 minutos de fama.

Soy la droga que todos viven.

Pocos me tocan.

Todos me devoran.

Y yo les escupo mientras me maldicen.

Acto II. Desgraciados e inconscientes

…Fama siguió reptando mientras Ella sonreía con malicia,
Fama le señalaba al peor de los aspirantes.
Un aspirante tan vil y tan listo que, por listo, le sobraban puentes quemados.

«Mira al protagonista, qué niño más extraordinario…»

Y Fama así describe al protagonista y su calvario…

EL PROTAGONISTA

Maduró en escenario y entre malicias,
el protagonista de la escena en cuestión.
Entre las butacas, decenas de manos le
    aplaudían y ensalzaban.
Y reían y lloraban.

Pero el protagonista de la escena en cuestión,
no veía nada más allá de las luces y
    carcajadas que manejaba.
Y no es amigo de ver cómo los aplausos
    abandonan sus butacas.

Es más.

Hacía todo lo posible porque los focos le
    iluminaran,
pasara lo que pasara.
Porque eso era lo habitual.
Porque la representación debía ser como él
    componía cada noche en las tablas.

Pronto se empezaron a dar cuenta los aplausos,
de que la obra compuesta no se correspondía
    con la actuada.
Pronto, que las palabras del protagonista de
    la escena,
no eran paralelas a sus tretas.
Incendiaba las butacas, pidiendo atención.
Hacía sangrar las manos que le aplaudían,
asegurando no ser el responsable del fuego
    que les quemaba.

Y no admitía a nadie más en el solitario
    escenario,
hambriento de espectadores ebrios por
    ensalzar sus llantos.

Más valdría, pensaron los últimos asistentes
    a la representación,
que aquel protagonista de la escena en cuestión,
dejase de ocupar el escenario,
exigiendo e implorando las emociones del
    espectador.

…Y Fama se alejó, reptando por las paredes
hacia el techo, para poder enfocar al
protagonista de la escena en cuestión.
Y cuántos protagonistas habitaban el
escenario, implorando su atención.

…Y entró Barro, cabal y despacio.
La bruja con muchas almas devoradas.
En ella vivían los viandantes,
a sus ojos, pobres ignorantes.

Barro se acercó digna, colocándose frente a
Ella,
para que no pudiese ver nada más que sus
gritos.
Gritos acumulados entre pobres salarios y
esclavos alineados.

Y Barro le contó secretos…

VOCES GRITANDO

Hay tantas voces opinando encima del
    escenario,
que el patio de butacas está vacío.

Aquellos que son invitados a presenciar,
no forman parte de la manada de aspirantes.
Son secundarios.
Y están cansados de comprar entradas con
    su salario.
Prefieren ser conscientes de sus pasos,
que de ser absorbidos por las tretas de
    marionetistas vacuos.

¿Qué ocurre? Que los protagonistas ni
    siquiera los ven,
se aman, detestan, odian, critican y muerden
    entre ellos.

Y se cansan.

Y se mueren.

Y viven vacíos, huecos.

Y no son conscientes de su ansia de risas y
   lágrimas fingidas.

Es su alimento.

Una telaraña confusa, orquestada por aquellos
   que la tejieron.

¡Cabe en una mano! y se maneja con los dedos.

Falso arte de acaparadores.

Porque necesitan corazones.

Porque no saben vivir sin consumir,

llorar sin gritar.

Ni morir sin fingir.

El escenario se acabará hundiendo.

Libertad hace a un lado a Barro.
Libertad ni camina, ni repta.
Libertad vuela cerca del suelo para no
dormirse en las nubes.

Y Libertad la mira a los ojos mientras suave,
canta…

Y A LA MIERDA LO DEMÁS

Aprende a pasar.
No pasar inadvertida.
Pasar.
No pasar sin hacer ruido.
Pasar.
Aprende a pasar.
No pasar haciendo daño.
Pasar.
No pasar sin hablar y estar.
Y abrazar.
Pasar.
No pasar sin sentir.
Pasar.
Aprende a pasar.

Y a la mierda lo demás.

…Yo esperaba que Ella escuchase las notas
de Libertad.
Pero Locura entra en escena, consciente de
su realidad.

Y Locura no deja de hablar cuando las cosas
van mal…

GRITA BASURA, GRITA

Quéjate y llora.
Y que hasta el último trueno de la tormenta
    te conteste.
Y que te conteste bien, como debe.
Que su rayo posterior ilumine tu rostro lleno
    de aflicción.

Quéjate sin motivo.
Que todos vean y sufran tu egoísmo.
Qué pobre, qué víctima, qué desgraciado en
    la vida.
Y no sabes soñar.

No sufres.
No sientes.
Gritas implorando una justicia inexistente.

Grita basura, grita.
Quéjate y llora.
Y que hasta el último trueno de la tormenta
    te conteste.

...Y Ella cometió el error de escuchar.

Y Fama aprovechó los desprecios de Locura,
haciéndose notar.

AL SON QUE MARCAN

A quienes esperan aplausos de quienes ignoran.
A quienes marcan un son hueco de arrogancia.

Los hay a cientos, aquellos que hay que
    cuidar, admirar y ensalzar,
pero no esperes que ellos hagan lo mismo
    contigo al pasar.

Porque son los únicos a los que merece la
    pena encumbrar.
Y quienes no lo hagan, no contarán con sus
    tretas para crear.

A quienes aplastan los sueños de los demás,
    a todos ellos,
un infierno de celos y envidia les espera al
    despertar.

Volarán bajo, tan bajo que chocarán contra
   la cruda realidad,
la que les recordará que su talento no es
   talento,
si no estrategia comercial.

No aplaudirán a nadie que no se refleje en
   su espejo roto.
Roto y lleno de grietas de orgullo, pereza y
   falsedad.

No esperes que aplaudan a nadie
que no le haga el amor a su vanidad.

                    Barro aplaudía.
                 Fama posaba altiva.
                   Libertad lloraba.
               Y Locura reía sin cesar.

Yo solo esperaba poder hablar con Ella al
                        terminar.

…Y seguía Locura con sus cuentos infames,
atractivos parajes de cabrones errantes.

Y mientras, todos peleando, mintiendo y
exagerando en el escenario.

Y Locura cuenta la historia del ahorcado…

EL AHORCADO

Antes de comprar el teatro, atendí cada
    mueble, cada esquina y cada viga.
La casa era perfecta, salvo por un detalle.
¡No podía ahorcarme!

No tenía donde atar la cuerda.
Y así mi garganta no suena.

Visité otro teatro.
Agarré sus vigas, pero se movían demasiado,
¡No podría atar la cuerda!
¿Las columnas? tampoco servían.
Era madera vieja, se romperían…

Y entonces encontré el caserón ideal.
¡Estaba en ruinas!
Y el dueño había dejado todos los escombros
    a la vista.
Clavos, cristales, piedras y cuerdas, cuerdas
    y más cuerdas.
Podía hacer lo que quisiera con ellas.

La señal perfecta fue el cartel, decidí no
   quitarlo.
«No pasar hasta que vean mi cuerpo
   colgado».
Y dejaría una cuerda preparada, atada en
   cada habitación,
lista para la última función del anfitrión.

Cualquier noche, bajaría por fin el telón.

Y no contenta con la atención, la bruja
   siguió con su exposición.
Era bello ver cómo de sus grietas nacían
   luces negras.
Pero era aterrador imaginar su oscura
   intención.

Y Locura siguió…

ALTAR A PESAR

Arrancarse el corazón, quitarse las entrañas,
despojar a sus pulmones de aire que
  respirar.
Dejar de pensar…
Todas aquellas ideas sedujeron su tristeza.

Pero en silencio, pensando y gritando solo
  dentro,
decidió enterrar su pesar.
A pesar de no poder respirar.

Al pesar de sus recuerdos, que no le permitían
  seguir en la cuerda,
ni siquiera cuerdo.
Tan fuertes eran sus alaridos, tan tristes sus
  quejidos,
que de su nada surgió un altar.
De entre sus más altas copas, de las raíces de
  su talento,
sólido, creó un monumento.

Y ese pedestal a su pesar,
sigue levantado en lo más profundo de su
    descontento.

Formándose férreo, siempre, cada vez que
    no puede respirar.

Arrancarse el corazón, quitarse las entrañas,
despojar a sus pulmones de aire que
    respirar.

Dejar de pensar...

Todas aquellas ideas sedujeron su tristeza,
cada vez que no respiraba frente a su altar.

        Y no aguanté más, quise hablar.
        Hice a un lado a Locura y a las demás.
        Libres de monstruos, Ella me miró.
        Y procuré con cuidado mi momento de
                atención.

¿EN QUÉ MOMENTO?

Él estaba encantado con la simple idea de estar.
La soñaba a su lado.
Ella decidió confiar.

Le preguntó en qué momento de la luna
debían encontrarse.
Él le contestó que cuando las nubes la
cubriesen.
Así, nadie podría verles.

…Y que mi piel muerda tus días.

¡La furia de Barro se hizo presente!
No toleraba mi mente.
Y gritó con los brazos abiertos,
gritó rimas de crudos cielos.

ACÉRQUESE

¡Acérquese y vea el mayor error de la
  naturaleza!
Es único, sensible, bueno y empático,
y responde al nombre de Ser Humano.

Acérquese y mire sus muertos.
Muertos que habitan su montacargas.
Porque todo ser humano tiene un
  montacargas,
en el que amontona los muertos que va
  dejando.

Y los siguen allá donde van.
Los miran, ¡Y mordían!
Cuando se encuentran, se evitan.
Pero los muertos se abrazan y miran.

Y hoy, les verán arrastrados a su lado.

No fue hasta el final,
cuando con los demás tomaron el
     montacargas,
que los muertos se volvieron a encontrar,
y nunca más ningún ser humano los volvió
     a tocar.

¡Acérquese! Y vean el peor error de la tierra.
Responde al nombre de Ser Humano
y no conocerán jamás peor bestia.

Y me acerqué de nuevo a Ella, aprovechando
                    el tumulto,
          pues las Fueras estaban ocupadas en sus
                    propios mundos.

                    Y prometí.

          Tierra y madera

     No sonrías, mejor que no.
     Si lo haces, quizá muera.

Aunque no toque tu forma, cuello y
cintura,
porque escucho las teclas de tu pasado en
mis cuerdas.
Que huelo a tu tierra en mi madera.
Sueño en una tarde fría, piel que funde los días.

No rías, no sonrías.
Que huelo a tu tierra en mi madera.
Madera que quizá muera.
Y si muere, que sea por tu sonrisa.

…Y que mi piel muerda tus días.

Pero Locura quiso hacerme padecer.

Y volvió a hacerse presente ante Ella y el
escenario.
Y bailó un suave cuento de horror y espanto.

GATO INSTANTÁNEO Y ALGUNOS CERDOS.

El gato quedó inmortalizado, incluso después
de muerto,
tras vivir rodeado de cerdos.
Cerdos de esos que rebuznan vulgaridades a
cientos.
Ríen y escupen mientras gritan lo que para
ellos no es cierto.

El gato observa tranquilo y sereno,
y atento,
sabe que puede aguantar siete faltas de
respeto.
Ni una más, ni una menos.

Cada una va llenando su vaso, que rebosa
paciencia y educación,
instantáneo y sereno.
Pero a la séptima falta, el gato se cansa
y abandona su puesto. Buscaba algo sincero.

Porque el gato instantáneo está cansado de
    los cerdos,
cerdos que en lugar de hablar,
manchan de vulgaridad su puesto en el
    concierto.

¡Qué falta de cordura la de Locura!
Por mucho que Libertad fuese sincera.

Y Libertad, serena, cantó…

EL TORCIDO ES EL CAPITÁN DE LOS RECTOS

Fíjese bien en el bosque, ese tras los árboles.
La mayoría solo los ve a ellos, sin fijarse en él.
Rectos, idénticos, mismas ideas y mismo
    viento.
Ese viento los baila, pero ellos, rectos, apenas
    se mueven.
Necesitan al torcido.
El torcido es el capitán de los rectos.

Porque ha malnacido, mal padecido,
lo han roto, ha vuelto mil y una vez, pero
    sigue en pie.
El torcido conoce el viento.
Baila y se mueve a su son, sea el que sea el
    que marque.

El torcido se sabe muerto, y aún así vive ante
   los rectos.
Sabe que todo lo vivido le hace morir un poco,
y aún así, sigue en el concierto.

Vivo y retorcido, guiando a los rectos.
¡Qué triste es el destino del torcido!
Corazón de madera gastada.
Gastada de tanto y tanto viento.

Y Barro, cabreada con Libertad por
atreverse a hablar, la calló de inmediato.
Y usó a la temible marabunta.
Voces y más voces, todas ellas más juntas
que las propias brujas.

HABLA LA MARABUNTA

El pueblo era consciente de la marabunta
　　que se vendía por encima del callado.
El callado tenía la boca cosida por las agujas
　　del tiempo,
que le impedían hablar y darse a conocer.

Sin embargo, el callado reía a espaldas de los
　　que hablaban.
Y hablaban, hablaban y hablaban.
¡Y solamente hablaban de ellos!
Vendiéndose la marabunta por encima del
　　callado y del resto.
«Y no callan ni a la de tres» pensaba el
　　callado,
ignorando los panfletos vacíos de la
　　marabunta a su lado.

Vacíos porque eran débiles palabras de miedo.
¡Miedo y fracaso de actos inalcanzados!
Vacíos de la emoción del que descubre
     inspiración.

El callado era consciente de la marabunta,
que se vendía por encima de las agujas del
     tiempo.
«Un día de estos…»
pensaba callado
«…cogeré las agujas y les coseré las bocas a ellos,
para disfrutar del silencio».

Pude ver en su rostro cómo la luz se hacía
                              presente.
Y no era la rabia del viento, sino más el
                         llanto del hielo.
Aquel que calmaba su sed de una venganza
                    vacía de sentimientos.
                    ¿Para qué la rabia?

Y Barro habló de nuevo.

LLANTOS Y FUEGO

Todos estaban ocupados,
muy ocupados parecían todos para no mirar.
¿Lo estaban?
Debían estarlo, desde luego.
¿Acaso no miraban más allá del escenario?

No se percataron del fuego, los llantos, ni
    tampoco de los muertos.
Y eso que los muertos eran dueños de los
    llantos que provocaron el fuego.

¿Ocupados?
Debían estar ciegos.
El final se acercaba cantando con atronadora
    intención,
oscura emoción.
Habían desatado un infierno.

¿Ocupados?

Debían estar ciegos.

Ciegos para no darse cuenta de los llantos
    de los muertos.

Muertos que provocaron el fuego a lo lejos.

    Y el escenario se estaba hundiendo…

        Y Fama habló por última vez.

Se sabía derrotada, pero quería hacer padecer
        su sed.

QUÉ MALO, MUY MALO

Qué malo, muy malo y qué feo.
Repiten malo, muy malo.
Lo gritan riendo.
Qué malas son las ramas que sobresalen del
    resto.

Las zarzas se pelean, enredan y abrazan.
Pero si una rama sobresale, hay que cortarla.
Y la cortan riendo.
Qué malo, muy malo y qué feo.
Aunque lo haga sin ruido.
Aunque se alce sin daño ni perjuicio.

La mala hierba no permite que nada crezca
    hacia el cielo.
Acaban con ella antes de que el resto quiera
    imitarla.
Qué malo, muy malo y qué feo.

Pero que no lean esto.
Sabrán que hablamos de ellos.

Que estas rimas sirvan de maldición a tus
    días si escapas de esto.

Acto III. La calma del baile lento

Fama mordía a Locura, que gritaba.
Barro las cobijaba mientras manejaba las cuerdas,
cuerdas de marionetas, muertos de las Fueras.
Brujas que los hacían bailar a ciegas.

Juré oír un chasquido.
Creo que incluso ví un grito.
Y antes de que todo terminase, volví a hablarle.

Y Ella sonreía,
sonreía al verme sin rabia.

Cogí su mano,
quería salvarla.

No había llantos ni maldad en su mirada.

Porque la vida da mil vueltas,
siendo lo que rompe y lo que traiga.
Y que traiga.

Y que en todas esas vidas,
mi piel muerda tus días.

UN SOLO PÁRAMO

Suelen pasearse las hadas
por cada línea que se te forma en la cara
cuando sonríes.
Y ni un solo páramo desierto se atisba en tus
ojos entonces.
Y es entonces cuando lo real se vuelve
palpable,
confirmando tu presencia en cada noche,
mañana y día.
Y ni un solo páramo está muerto contigo
presente, mi vida.

Saber admirar la pared derruida,
vieja y desgastada como el mayor de los
placeres,
paseando tu mano por sus ruinas.
Como escuchar un trueno que respira los
ojos cerrados,
la mente abierta y tu cuerpo a mi lado.

Y ni un solo páramo se queda sin tu poesía
al verte.
…Y que mi piel muerda tus días.

Barro, Fama y Locura disfrutaban del
espectáculo.
Había ocurrido mientras nosotros no
estábamos.

Se hundió el escenario
y todos lloraron
y gritaron.

Pobres marionetas sin amos que las
movieran.

Libertad fue la única que nos vio marchar.
Y no cantó.
Esta vez, habló.
Habló de un baile lento, calmado y verdadero.

BAILE CLÁSICO

Clásico y adecuado.
Qué lejos queda la seducción de los más
    anticuados.

Bailaron ante el escenario, sin pisarlo.
Poca, muy escasa, es la luz que los sigue.
Pero qué bien quedan sus sombras sobre la
    madera testigo.
Qué estilo…

¿Dónde han quedado las sonrisas pasajeras?
Camufladas entre figuras en una pantalla ciega.
Los anticuados echan de menos la
    seducción plena, clásica y entera.

Las manos esperan un roce como broche.

Mínimo roce.
Piel sobre piel.
Y un baile de noche.

Y las Fueras bailaron juntas en una hoguera
interminable.
Inabarcable.
Hoguera del fuego del artista imborrable.

Que se hunda el escenario,
pues no morirán sus textos.
Que ella seguirá existiendo.
Y yo la seguiré escribiendo.

AGRADECIMIENTOS

Alba García, Esperanza Sánchez, Juan Remacha, Víctor Izquierdo, Elisa Forcano, Javi Moreno, Rubén Blanco, María Bosque, Miguel Remiro, Aurora Martínez, Jesús Larrodé Oca, Bowie, Fonze…

Todas esas personas que nunca buscan el foco y solo hacen felices a los demás y que me han inspirado en los textos de la bruja llamada Libertad.

Y también gracias al otro lado, a todos los que imploran el aplauso y que se apelotonan ante las luces sobre el escenario, porque sin ellos, no existiría este cuento en verso. Las Fueras existirán siempre gracias a vosotros.

Cineasta, crítico de cine, actor de doblaje, escritor y medio gráfico.

Presentador y crítico de cine en el programa «Unas Cuantas Pelis» junto a Alfonso Millán. A éste le sigue una sección de crítica en la web de *Heraldo de Aragón* y en *Aragón Cultura*. Actualmente, Calavera ofrece críticas y actualidad cinematográfica en *Aragón Radio* y aparece como colaborador en programas en directo. Escritor de artículos de divulgación y cultura cinematográfica en la web universitaria de periodismo. Director y guionista de los cortometrajes *Greta* (2019), *Unas Cuantas Bestia*s (2021) y *Dativa* (2023). Ganadores él y su equipo en dos ocasiones del Gran Premio Sombra (Festival de cine fantástico Europeo de Murcia). Calavera ganó el Premio de Fuentes de Ebro a Mejor Guion 2023 por *Dativa*. Como actor de doblaje, ha sido narrador en programas de entretenimiento y ha puesto voz en series de televisión y ficciones radiofónicas.

Su primer libro, *Estos son los cuentos de Isla Mayen* publicado por S-MAL Poesía en 2021, forma parte del universo de *Jan Mayen*, su primera novela de ficción a cargo de la editorial MilMadres (2024)

ÍNDICE

En esta edición se empleó papel *Athenea* verjurado ahuesado de 125 gr/m^2 y cartulina *Rives Tradition,* color marfil claro, de 170 gr/m^2. Se han utilizado los tipos *Felix Titling* en el cuerpo 50 y *Garamond* en los cuerpos 7, 8, 9, 10, 11, 12 y 14. Color pantone 1797 U y Black U.

El escenario

de

Daniel Calavera

Volumen 124 de los
PAPELES DE TRASMOZ
de la Casa del Poeta
editado por
OLIFANTE. EDICIONES DE POESÍA

Se imprimió en
los Talleres Editoriales Cometa, de Zaragoza,
cuidando el proceso técnico Albertina Lisbona.
Responsable de erratas, Tutivillus.
Y fue encuadernado por
Encuadernaciones Raga, S.A.
El libro quedó terminado
el día 20 de octubre de 2024.

LIBROS PUBLICADOS EN ESTA COLECCIÓN

ÁNGEL GUINDA
El Mundo del Poeta. El Poeta en el Mundo

JOSÉ LUIS DE LA VEGA y
BÁRBARA ALLENDE GIL DE BIEDMA
(OUKA LEELE)
I Premio Internacional Poesía de Miedo, 2006

ANTONIO MACHADO
Cancionero de Amor y de Muerte

MIGUEL ÁNGEL CURIEL y
ÁNGEL GRACIA
II Premio Internacional Poesía de Miedo, 2007

VICENTE PASCUAL
a la Vida, a la Muerte y a mi Bienamada

ALFREDO SALDAÑA
Hay alguien ahí

GUSTAVO ADOLFO BÉCQUER
Carta tercera. Desde mi celda

VARIOS AUTORES
Gustavo Adolfo Bécquer: Un paseo por su época. Cuestionario

ZHIVKA BALTADZHIEVA, GERMAIN DROOGENBROODT,
ANA MUÑOZ, AGUSTÍN PORRAS y
MANUEL VILAS
VII Festival Internacional de Poesía Moncayo

LUIGI MARÁEZ y
ARANTZA SEMPRÚN
III Premio Internacional Poesía de Miedo, 2008

RICARDO FERNÁNDEZ MOYANO
Poetas suicidas: sensibilidad o supervivencia

BRENDA ASCOZ, CASIMIRO DE BRITO, GONZALO ESCARPA,
CESC FORTUNY I FABRÉ,
DOLAN MOR y MARIAN RAMÉNTOL
VIII Festival Internacional de Poesía Moncayo

MANUEL MARTÍNEZ FOREGA
Memoria y recuerdo en el poema Espacio de Juan Ramón Jiménez

AGUSTÍN PORRAS
La mosca becqueriana

ÁNGEL GUINDA
Poemas para los demás

MANUEL M. FOREGA,
JOSÉ JAVIER ALFARO CALVO,
MIGUEL ÁNGEL MARÍN URIOL,
DOLAN MOR y MARIAN RAMÉNTOL
IV Premio Internacional Poesía de Miedo, 2009

ANTÓN CASTRO
Vivir del aire

JOSÉ ANTONIO LABORDETA
Hundiendo en las palabras las huellas de los labios. Poesía y canción
Edición de Mario Ruiz Arganda

MOHSEN EMADI, DAVID MAYOR,
EMILIO PEDRO GÓMEZ y
JOSÉ LUIS MARTÍNEZ MALLADA
V Premio Internacional Poesía de Miedo, 2010

ÁNGEL GUINDA
Espectral

FERNANDO SARRÍA
Babel en las manos

MIGUEL ÁNGEL YUSTA
Cancionero de coplas aragonesas

MIGUEL ÁNGEL LONGÁS
La miel de lo visible